Michael Kuch

Birgit Pauls

Bernd Sommerfeldt

Die Burg
IT-Sicherheit

Michael Kuch

Birgit Pauls

Bernd Sommerfeldt

Die Burg
IT-Sicherheit

1. Auflage 2017

Bibliografische Information der Deutschen Nationalbibliothek: Die Deutsche Nationalbibliothek verzeichnet diese Publikation in der Deutschen Nationalbibliografie; detaillierte bibliografische Daten sind im Internet über www.dnb.de abrufbar.

ISBN 978-3-7448-7344-4

Herstellung und Verlag:
BoD – Books on Demand, Norderstedt

Covergestaltung: Bernd Sommerfeldt
Foto: Birgit Pauls

Vorwort

Daten sind das Gold des 21. Jahrhunderts.

Räuber, Diebe, Erpresser, Agenten, Attentäter und Spione gibt es noch immer. Die Methoden der Angriffe haben sich seit dem Mittelalter kaum verändert. Dank moderner Technologien können heutzutage jedoch andere Werkzeuge verwendet werden. Der Beutelschneider muss seinem Opfer inzwischen nicht mehr Aug in Aug gegenüberstehen, sondern kann über das Internet seine Angriffe von anderen Kontinenten fahren oder sogar Sie unwissentlich zum Komplizen machen.

Cyberkriminalität ist ein erheblicher (Schatten-) Wirtschaftsfaktor, wird damit doch inzwischen mehr Geld verdient als mit Drogenhandel und Prostitution.

Wir möchten anhand einer mittelalterlichen Burg vorstellen, wie die Angreifer vorgehen und wie Sie Ihre Daten schützen können, dabei werden wir Fachbegriffe anschaulich erklären.

Hieraus ergeben sich Fragen, die Sie einfach auf Ihre bestehende IT anwenden können, um so Ihre eigene Burg zu betrachten.

Hinweis: Natürlich wendet sich dieses Buch sowohl an Männer als auch an Frauen gleichermaßen, wie auch an das dritte Geschlecht. Auf Formulierungen wie „Unternehmerinnen und Unternehmer" wurde aus Gründen der

Vereinfachung und der besseren Lesbarkeit des Buches bewusst verzichtet.

Michael Kuch, Birgit Pauls, Bernd Sommerfeldt

Jesteburg / Tönning / Lübeck im August 2017

Inhalt

1. Sicherheit in einem Netzwerk

Die Möglichkeiten in Netzwerken werden immer größer, genauso wie die möglichen Risiken und die unterschiedlichen Möglichkeiten der Sicherheit. Die Begrifflichkeiten sind hierbei sehr vielschichtig, und viele Termini sind nicht der Funktion geschuldet, sondern lediglich dem Marketing.

Wir haben uns bewusst gegen ein sehr theoretisches Buch entschieden und einen anderen Weg gewählt. Eine bewährte Methode ist hier, mit Gleichnissen zu arbeiten, um Sicherheit, Möglichkeiten und Risiken übersichtlich zu gestalten. Gleichnisse, die jeder nachvollziehen kann und die dennoch dem Anspruch genügen, sehr deutlich eine realistische Darstellung aufzuzeigen. Unterschiedliche bildliche Betrachtungsweisen des gleichen Themas können durchaus mit einer Änderung der Perspektive gesehen werden, wodurch das Bild noch vollständiger wird.

Fachliche Begrifflichkeiten lassen wir mit einfließen, obgleich zum Verständnis diese nicht zwingend erforderlich sind; dies ermöglicht jedoch auch eine Übersetzung von typischen und immer wiederkehrenden Begriffen, wodurch diese sehr klar und verständlich werden.

In der IT könnte durchaus von einem evolutionären Prozess gesprochen werden, und dieser ist sehr schnell. Teilweise kann hier auch gesehen werden, dass bestimmte Schritte Wiederholungen von bereits vergangenen Schritten waren, welche sich unter ständig neuen Voraussetzungen laufend wiederholen.

Netzwerke sind nichts Neues, diese gab es sogar bereits vor dem Internet, waren aber in dieser Zeit doch eher isoliert (Arpanet, LAN, Direktverbindungen...) bzw. beschränkt auf das eigene Netzwerk oder ein klares vordefiniertes Netzwerk, auf das nur wenige Zugriff hatten.

Was aber ist wirklich neu? Es wurden Möglichkeiten ersonnen, um immer mehr Daten in immer höherer Qualität und Geschwindigkeit überall und jederzeit verfügbar zu machen und immer mit diesen arbeiten zu können. Praktisch jedes Gerät, welches hierzu in der Lage ist, wurde integriert. Dieser Vorgang ist noch nicht abgeschlossen, es werden viele weitere Geräte hinzukommen, sowie das „Internet der Dinge" (z.B. Autos, Kühlschränke, Messgeräte...). Alle diese Geräte kommunizieren fortlaufend und sind Teile dieses Netzes. Neben der Konzentration von Daten an bestimmten Standorten findet auch die permanente Verfügbarkeit überall Zuwachs, sowie auch die fortlaufende Verwendung, automatisierte Auswertung und Aufbereitung dieser Datenfluten, ggf. auch durch Dritte im Rahmen eines Auftrages oder ohne einen solchen Auftrag (z.B. Amazon, Google, Apple, Microsoft...). Daten, die bisher nie zusammengekommen sind oder nie auswertbar waren, kommen zusammen und können analysiert werden. Dieses scheinbare Datenparadies hat eine praktisch unüberschaubare Zahl an Verbindungen. Systeme unterschiedlichster Sprachen sind in der Lage, miteinander zu kommunizieren und Daten auszutauschen, als wäre ein Universalübersetzer überall verfügbar.

Sehen wir uns doch einmal einige dieser Geräte an, die in jeder Firma heute Einsatz finden. Diese Liste können Sie für Ihre eigene Firma beliebig erweitern. PCs, Notebooks, Server und Storagesysteme sind für jeden sicher noch einfach nachzuvollziehen. Hier sind es die Arbeitsstationen, die Großrechner für hochkomplexe Aufgaben und die Massenspeicher. Weitere Geräte kommunizieren mit diesen oder haben Zugriff auf diese. In vielen Firmen sind dies Tablets, Handys, Kameras, Zeiterfassungsanlagen, Telefonanlagen, Alarmanlagen, aber natürlich auch Drucker, Roboter oder Türöffnungssysteme. Hier kommen dann noch die Netzwerkgeräte wie Switch und Router hinzu, welche dann ebenfalls den Weg in das Internet beschreiten und über diesen Weg in die unterschiedlichen Clouds. Dem einen oder anderen wird an dieser Stelle vermutlich der Überblick verloren gehen, obgleich dies noch nicht das Ende der Liste wäre.

Welche Systeme können wir hier aber effektiv selbst direkt beeinflussen und welche nicht? Dass wir über das Internet keine Kontrolle haben, da es ein globales Netzwerk mit einer unüberschaubaren Menge an Inhalten ist, wird den meisten sehr bewusst sein. Auch Cloudsysteme entziehen sich unserer eigenen Kontrolle, hierfür tragen andere Verantwortung – und dennoch tragen wir für unsere Daten in einer Cloud selbst die Verantwortung.

Wie sieht es mit unseren Handys aus, die buchstäblicher jeder nutzt und dies zu jeder Tages- und Nachtzeit? Ein datenschutzkonformes Handy gehört in das Reich der Fabelwesen, dieses gibt es spätestens seit dem Smartphone nicht mehr. Ein Smartphone im Lieferzustand hat schon alles im Gepäck, was geeignet ist, um Sie und Ihre Daten auszuspionieren. Es kommuniziert über alle erdenklichen Wege, und die Daten liegen auf allen möglichen Plattformen und in diversen Clouds. Tablets sind hier wie Handys zu werten, auch diese entziehen sich der vollständigen Kontrolle.

Eine echte Kontrolle können wir über das ausüben, was wir in unseren eigenen vier Wänden haben, und so kamen wir auf die Idee, die Sicherheit mit einer Burg zu vergleichen, um das System einmal anschaulicher darzustellen. Wir werden im weiteren Verlauf das Gebiet um die Burg herum hinzunehmen und auch dieses in Gleichnissen darstellen.

2. Evolutionäre Entwicklung

Es ist nicht selten so, dass eine Firma zu Beginn gar keine Burg hat. Es gibt hier eine Ansammlung von Häusern (Arbeitsstationen), und es dauert nicht lange, bis eine Taverne und eine Kirche stehen (Server), Straßen gebaut werden, um schneller von A nach B zu kommen (Intranet) und ein Rathaus errichtet wird, um über alles in der Gemeinde zu beratschlagen (erstes internes Regelwerk). Das Erarbeitete wird zunächst in den eigenen Scheunen (Datenträger) gelagert, doch diese reichen schon bald nicht mehr aus und weil sowieso jeder mehr Platz benötigt, wird beschlossen, gemeinsam ein Lager zu errichten, das für alle reicht (Storage).

Bisher hat niemand diese kleine Siedlung entdeckt, doch auch Wanderer ziehen durch das Land, und ab und zu bringen sie etwas Nützliches mit oder tauschen es gegen etwas anderes ein (mobile Datenträger wie USB-Sticks). Ab und zu brennt mal ein Haus ab, doch auch die ganze Ernte könnte es betreffen, es werden die ersten Regeln erlassen und Kontrollen eingeführt, damit niemandem ein Schaden zugefügt wird (einfache Firewall, erster Virenscanner).

14

Wenn es andere da draußen gibt, dann sollte vielleicht eine weitere Straße gebaut werden, um den Handel zu ermöglichen. Es wird die erste direkte Straße zu einem anderen Ort errichtet (Modem über Direkteinwahl, ohne die Notwendigkeit von mobilen Datenträgern). Es ist gut, doch irgendwie reicht es auch nicht aus, es gibt ja so viele andere Orte und Gebäude, eine Ort-zu-Ort-Anbindung ist doch viel lohnender (erste Netzwerk-zu-Netzwerk-Verbindungen mit Direkteinwahl). So geht es nun eine lange Zeit, und das System hat sich bewährt. Ab und zu wird mal ein Gauner gefasst, der doch nicht so will, wie es für alle gut wäre, oder der sich mehr nimmt, als ihm zusteht (Virenfunde). Auch schleichen manchmal Gestalten unbeaufsichtigt in die Siedlung hinein. Ein Zaun wäre doch gut mit Wachtürmen (die erste Absicherung des eigenen Netzwerkes und die erste Kontrolle, was tatsächlich ein- und ausgeht).

Es gibt inzwischen viele Straßen, und keiner kennt alle, auch haben wir nicht überall hin Wege geschaffen. Wenn nun die Orte gemeinsam die Straßen nutzen und es klare Adressen und Routen geben würde, dann wäre das doch klasse. Erstaunt sind wir, dass schon jemand vor uns darauf gekommen war, und so übernehmen wir die Idee (das Internet/IPv4).

Wenn wir zurück blicken, so mussten wir uns bisher nur mit wenigen Vagabunden herumschlagen, die wir bestens kannten. Nun wurden es immer mehr, und nicht immer erkannten wir diese. Ab sofort tauschen wir Steckbriefe aus, damit diesen Einhalt geboten wird (Virendatenbanken im Austausch).

Bis hierhin funktionierte alles so, wie wir es uns vorgestellt hatten. Doch die Entwicklung schritt unaufhaltsam voran. Eine unüberschaubare Zahl an Menschen nutzten die Straßen, bis einige regelmäßig verstopft waren und auch hier schnelles Reisen unmöglich erschien. Einige nutzten Privatwege von A nach B, doch diese waren sehr teuer (Direkteinwahlen zur Vermeidung des Internets und Datenstau). Unser Netzwerk musste schneller werden und mehreren Personen gleichzeitig das Begehen der Straße ermöglichen, außerdem sollten sie nicht alle dieselbe Fahrbahn abwechselnd nutzen (Full Duplex, SAN, Datenautobahn).

Geschwindigkeiten und Mengen wurden nun atemberaubend. Getarnte Vagabunden, die sich der Erkennung entzogen, wurden mehr, die Steckbriefsammlung glich einem Aktenschrank, der kaum noch überblickt werden konnte. Es musste ein neues System her, und es wurden Vergleiche gezogen sowie Klassifizierungen vorgenommen, um den Brandstifter vom Dieb und anderen Schurken leichter zu unterscheiden. Manchmal zogen die Vagabunden ein, gründeten ganze Familien und waren dann nur noch schwer zu entdecken oder später wieder zu entfernen, ohne das Haus neu bauen zu müssen. Die Vagabunden vermischten sich mit unseren Bürgern (Infektion, neue Viren, Tarnung, Infektion ganzer Systeme). Viele stiegen auch über die Mauern oder gruben Tunnel, einige kamen einfach unbemerkt hinein und heuerten als Wache an, um dann andere nachkommen zu lassen (Trojaner). Also überwachten wir mehr und zogen die Zäune höher (der Wettlauf zwischen Schadsoftware und Sicherheit).

Es kam nicht selten vor, dass wirklich wertvolle Dinge zerstört wurden oder verschwanden. Das besonders Wichtige sollte nun durch eine zweite Kontrolle mit zweitem Zaun geschützt werden (DMZ – **De**militarisierte **Z**one). Wir kehrten in den wichtigen Bereichen die Erkennung um, und alles, was wir nicht kannten, war erst einmal potentiell gefährlich und durfte nicht hinein (Whitelisting).

Die Zäune mussten Mauern weichen, waren sie doch viel zu einfach zu überwinden. Die Tore wurden stets überwacht, und auch in den Städten wurde kontrolliert und gemeldet. Zugänge wurden nur noch bei Bedarf geöffnet und auch nur die, welche wirklich gebraucht wurden. Besonders wichtige Dinge wurden auf Privatstraßen (VPN) getätigt. Sollte der Absender nicht bekannt werden, so wurde ein Stellvertreter geschickt (Proxy).

Hier sehen Sie bereits, wie der Bedarf, die Möglichkeiten und die Entwicklung die IT bereits in diesem Umfeld fortlaufend herausgefordert haben. Viele Netzwerke befinden sich auch nach wie vor auf diesem Stand, doch die Möglichkeiten sind verlockend und die Risiken werden allzu leicht übersehen.

Die Lagerhäuser wurden immer größer und deren Unterhaltung immer teurer. Viele besaßen Lager, die überfüllt waren, während andere noch Platz hatten. Aus dieser Not heraus wurde die Idee entwickelt, dass dieser überschüssige Platz vermietet wird und so optimal und günstig genutzt werden kann (die Cloud war geboren).

Der Cloudgedanke entwickelte sich, und auch als Speicherplatz wieder deutlich günstiger wurde, blieb die Cloud. Sie wurde weiterentwickelt und veränderte sich in einer Vielzahl von Möglichkeiten, die alle den Namen Cloud trugen; selbst Lösungen, die es schon lange vor dem Cloudgedanken gab, bekamen plötzlich eine Cloudbezeichnung.

Die Cloud wurde hiermit dem Namen gerecht, es wurde etwas Ungreifbares, welches viele Begrifflichkeiten trägt. Jede Form von Lager oder externem Speicherort bekam in irgendeiner Form den Namen bzw. Beinamen „Cloud".

Jeder trug inzwischen kleine bewegliche Häuser mit sich herum, welche mit elektrischen Impulsen Pakete aus Daten versenden und empfangen konnten. Diese wandernden und fahrenden Häuser verbanden sich mit den Straßen auf ihren Wegen. Es gab überall Sendemasten, die hier die Waren direkt auf die Autobahnen und die privaten Straßen brachten. Natürlich waren diese nicht so sicher wie die Burgen oder Häuser, doch sehr nützlich.

Bald schon wurde jedes Haus mit einem Sender und Empfänger ausgestattet, und jeder erkannte daraus Möglichkeiten, mit den Informationen den Nutzer zu unterstützen oder weitere Möglichkeiten mit den Daten zu eröffnen, auch für andere Nutzer. Die Cloudspeicher waren optimal, um die Datenmassen aufzunehmen. Sogar die Standorte konnten exakt bestimmt werden, genau wie die Information und welche Wege bevorzugt wurden.

Über die Straßen wurden nun allerlei Waren verschickt, um überall dort verfügbar zu sein, wo sie gebraucht wurden. Eigene Lager wurden nicht mehr gebaut, man nutzte gleich das Überangebot der anderen und verzichtete auf eigene Lager. Das ging nicht immer gut, und wenn die Straßen nicht passierbar waren, so konnten die Lager außerhalb nicht erreicht werden. Auch verschwanden dort immer wieder Dinge oder wurden verändert, so dass hier doch nur weniger wichtige Dinge hingebracht wurden; außerdem wurde der Bau von eigenen Lagern wieder deutlich günstiger, und oft lohnte es sich gar nicht, externe Lager zu mieten. Neue Regeln für externe Lager sollten die Sicherheit und Verfügbarkeit erhöhen (ISO 27017 und 27018), doch welcher Anbieter hat diese bei sich realisiert – und reichen sie überhaupt aus?

Die vielen neuen Möglichkeiten schafften leider auch viel Ärger. Jeder wollte von den Informationen profitieren, doch nicht jeder wollte dies auch zulassen. Auch die Vagabunden (Schädlinge) hatten nun eine Vielzahl an Möglichkeiten, um doch in die gut gesicherten Städte oder die großen Lagerhäuser (Clouds) zu gelangen; besonders die großen Lagerhäuser waren sehr verlockend, denn dort gab es alles, und sie waren nicht besser bewacht als eine mittelgroße Burg. Schon längst wollte der Nachbar aber auch wissen, was der andere besaß, und es gab schon lange nicht nur Vagabunden, sondern gezielte Agenten und Spione mit ihren Zielen in den jeweiligen Städten. Auch Sammler der Informationen boten bereitwillig ihre Dienste an und sammelten in diesem Zuge alle Daten, die verfügbar waren (Suchmaschinen).

Wer hatte jetzt noch den Überblick oder die Kontrolle? Eigentlich niemand mehr, und der Ruf nach mehr Regeln wurde laut, während gleichzeitig aber die Datensammler immer mehr Informationen wollten und auch auf allen möglichen Wegen erlangten, sogar freiwillig wurden ihnen diese gegeben. Der Wunsch nach mehr Sicherheit wurde immer stärker. Verschiedene Normen wurden weiterentwickelt, um die Standards untereinander vergleichbar zu machen und Mindestanforderungen zu definieren. Diese Anforderungen und Vorgehensweisen wurden längst nicht überall akzeptiert, und auch deren Sinn wurde bestritten. Der Umfang selbst war scheinbar unendlich. Was der eine als notwendig und nützlich betrachtete, wurde vom anderen abgelehnt und unterwandert. Sicherheit war zu etwas Komplexem geworden, das oft als Behinderung und Beschneidung betrachtet wurde – und was in der einen Stadt erlaubt war, das war in der anderen verboten. Wer sollte jetzt hier noch den Überblick behalten, und wie sollte das alles sinnvoll umgesetzt werden, ohne die Kosten explodieren zu lassen oder die

Möglichkeiten zu beschränken? (Begriffe wie Datenschutz, Informationssicherheit, Hacking und Notfallhandbuch entwickelten und verstärkten sich, doch für viele waren diese noch ungreifbarer als die Cloud.) Auch sahen sich die gut bewachten Burgen gegenüber denen benachteiligt, die den ganzen Tag die Tore einfach offenließen oder nur scheinbaren Schutz hatten. Die gut gesicherten Burgen hatten höhere Kosten, welche sich auf die Waren niederschlugen. Neben den gesetzlichen Anforderungen wurde aber auch festgestellt, dass die Burgherren, welche ihre Burgen nicht hinreichend schützten und die Regeln nicht einhielten, sich einen unlauteren Wettbewerbsvorteil verschafften und dies auch zu staatlichen Maßnahmen (Bußgelder, Strafgelder, Auflagen...) und gerichtlichen Urteilen führte.

Einige Städte nutzten private Verbindungen schon lange und machten sich nun noch stabiler und isoliert vom übrigen Netzwerk. Gerade wenn mehrere Gebäude in vielen Orten zueinander gehörten, wurde ein eigenes Netzwerk geschaffen, das eine möglichst hohe Sicherheit gewährleisten sollte (MPLS). Doch sobald dieses Netzwerk verlassen wurde, sah man sich wieder mit den Problemen befasst, die jeden beschäftigten. Einige wiegten sich sogar in einer Sicherheit, die es so gar nicht gab, und gingen so unkalkulierbare Risiken ein, ohne sich dessen bewusst zu sein.

In genau diesem scheinbaren Chaos der Daten befinden wir uns derzeit, und die Möglichkeiten wachsen ohne Unterlass, genau wie die Risiken und Gefahren. Doch wer die Möglichkeiten nicht nutzt, hat Angst, den Anschluss zu verlieren – und Schritte, die eigentlich nicht benötigt werden, werden vollzogen, weil sie eben doch jeder nutzt und niemand hintenanstehen möchte.

3. Heute

Das globalisierte Netzwerk könnte als gewachsene Struktur bezeichnet werden – und jeder Administrator weiß, was das für ihn bedeutet: Blankes Chaos.

Einige Städte scheinen aber besser damit umzugehen als andere und dennoch die besten Möglichkeiten auszuschöpfen. Diese haben also anscheinend einen Plan.

Tatsächlich wurden Pläne entwickelt, und Menschen lernten, sich in diesem Geflecht der Daten zu bewegen und diese zu organisieren. Es wurden Standards entwickelt, in denen häufig das Rad immer wieder neu erfunden wurde. Auch sind Firmen aus unterschiedlichen Bereichen immer wieder eigenen oder externen Überprüfungen unterworfen, ohne wirklich zu wissen, was eigentlich geprüft wird. Begrifflichkeiten wie ISO 9001, ISO 27001, MaRisK, IDW PS 330 IT- Prüfungsstandard und viele weitere sind hier zu lesen. Häufig werden die Anforderungen als Beschränkungen und Fesseln empfunden, die gerne vermieden werden. Würden diese auch nur blind umgesetzt werden, ohne Ihre Burg individuell zu betrachten, so wäre dies vermutlich sogar eine mögliche Folge, was dann nur zu Beschränkungen und Fesseln führen könnte.

Unsere Arbeitsweise verfolgt deshalb das Ziel, den Anforderungen und Wünschen Ihrer Burg gerecht zu werden und gleichzeitig die Vorgaben zu erfüllen, bei einem Maximum an Freiheit und bestmöglichen Nutzung der sinnvollen Möglichkeiten für Ihre Burg.

Im Rahmen unserer Prüfungen geht es um das Aufzeigen des IST-Standes, bei Abgleichung des SOLL-Standes und Aufzeigung der Differenzen (GAP). Wer nicht weiß, wo er steht, weiß auch nicht, wo er startet – und wer nicht weiß, wo das Ziel ist, wird ziellos seinen Weg beschreiten. Vergleichen Sie ein IT-Projekt ruhig mit einem Routenplan, auf dem die fehlenden oder unzutreffenden Elemente auf dem Weg ermittelt werden, welche für die entsprechende Zielerreichung zu realisieren sind.

Etwas Bestehendes zu ändern, ist ja bekanntlich schwerer, als etwas neu zu erschaffen. Wenn wir jetzt beim Beispiel der Burg bleiben, so könnte die IST-Aufnahme durchaus bildlich dargestellt werden und offenbart recht schnell Lücken und Schwachpunkte. Ebenso können die eigentlichen

Anforderungen und eigenen zusätzlichen Bedürfnisse bildlich als Burg dargestellt werden. Werden nun die beiden Bilder übereinandergelegt, so zeigen sich die Unterschiede sehr deutlich, und dies würde einer GAP-Analyse entsprechen. Hiermit wären die ersten drei Schritte auf dem Weg bewältigt. Der längere Weg besteht nun in der Umgestaltung vom IST zum SOLL, ohne dabei die Burg lahmzulegen oder abreißen zu müssen. Im Rahmen dieser Planungsphase ergeben sich nun Baustellen; diese ermöglichen die Verteilung von Aufgaben, welche in verschiedene Segmente unterteilt werden können. Dies wäre durchaus vergleichbar mit Scrum-Methodik (Aufgabenverteilung/Teamwork). Die Fortschritte sollten bewertet werden, um die Einhaltung des Fahrplanes zu prüfen und ggf. Anpassungen vorzunehmen. Hierbei werden auch die Verbindungen nach außen berücksichtigt und optimiert.

Im Rahmen dieser Tätigkeit ist zu prüfen, welche Gebäude und damit Funktionen innerhalb der eigenen Burg bestehen bleiben sollen, mit welchen anderen Gebäuden außerhalb der eigenen Burg zusammen agiert wird und unter welchen Rahmenbedingungen. Vertrauen ist gut, Kontrolle ist besser, so dass Audits sich für externe Gebäude anbieten; außerdem sind klare Regelungen notwendig, damit man selbst stets Kontrolle über das eigene Eigentum behält, welches eben nicht mehr in der Burg liegt.

Die unterschiedlichen Zugänge von außerhalb und deren genaue Möglichkeiten sowie der Nutzen hierin sind genau zu bewerten und optimiert zu gestalten, so dass Missbrauch soweit als möglich ausgeschlossen wird. Auch eine scheinbar sichere Mauer kann schwache Stellen oder ungesicherte Fenster haben, welche bei einfacher Betrachtung nicht auffallen und zugleich erhebliche Risiken darstellen. Ebenso sollten die eigenen Bewohner nicht unterschätzt werden, die vielleicht einem Kriminellen die Tür öffnen oder ihn sogar durch die ganze Stadt bis zu den Kronjuwelen führen. Aber auch unter den treuen Bürgern kann sich durch Unwissenheit oder Vorsatz ein viel größerer Schädling in der Burg befinden, als es außerhalb jemals der Fall war. Nicht jeder sollte deshalb alles dürfen und können oder überall Zugang erhalten (Rollen- und Berechtigungsmanagement).

Dass bestimmte Gebäude oder Lagerhäuser zwischenzeitlich durch neue ersetzt werden müssen, wurde sehr schnell klar, doch das Inventar sollte in die neuen Einrichtungen mit umziehen (Migration). Um solche Umzüge generell zu erleichtern und auch während dieser Phase ganz normal weiter agieren zu können, wurden identische Gebäude gebaut (Redundanzen/Failover), und weil auch einmal im Haus etwas kaputtgehen konnte, wurden exakte Kopien ausgelagert (Datensicherungen). Einige sind so wertvoll, dass diese auch über einen langen Zeitraum eingelagert werden mussten, selbst wenn sie nicht mehr ständig gebraucht wurden (Archivierung). Auch verstopfte Straßen wurden durch alternative Wege entlastet (Netzwerk-Topologien), sowie Ausweichmöglichkeiten im Falle eines Ausfalles oder einer baulichen Maßnahme an einer Straße geschaffen.

Das Einplanen einer zweiten Straße nach draußen ist sinnvoll, wenn beispielsweise eine Straße unterspült wird, um dann dennoch die andere Straße nutzen zu können (DSL Redundant).

Gebäude und Mauern alleine ergeben noch keine Burg. Hier sind unterschiedliche Personen wichtig, mit unterschiedlichen Aufgaben, sowie Personen, die sich untereinander vertreten oder unterstützen können. Bei der Planung ist darauf zu achten, dass diese auch stets das richtige Handwerksmaterial nutzen und genau wissen, wie es anzuwenden ist (Personal, Software, Hardware, Weiterbildung).

Funktioniert alles in der Burg so, wie es soll? Was passiert, wenn doch einmal etwas passiert? Welche Auswirkungen hätte dies, und wie wäre dann vorzugehen? Hier schauen wir uns alles an, was wichtig ist, und prüfen, inwieweit wir vorgesorgt haben und ob dies ausreicht. Wenn wir hiermit zufrieden sind, dann testen wir, ob unsere möglichen Szenarien auch praktisch so ablaufen würden und was ggf. zu optimieren oder neu zu bewerten wäre. Damit jeder im Notfall reagieren kann, dokumentieren wir es genauso und legen alles Wichtige zu diesen Dokumenten (IT-Notfallplan).

4. Der Entführungsfall

Der Raubritter benötigt wieder einmal Geld. Reisende kreuzen kaum noch seinen Weg, deshalb sucht er nach anderen Einnahmequellen. Die Entführung eines Mitgliedes aus einer reichen Familie könnte helfen.

Nun schaut er sich erst einmal um. Wer könnte ein lohnendes Ziel sein? Welche adligen Familien haben noch Geld, wo ist der Prunk nur geliehen? Alternativ sind reiche Kaufmannsfamilien natürlich auch ein potentielles Ziel. Bereitwillig bekommt der Raubritter überall Auskunft und sammelt eine Vielzahl an Informationen (Big Data) und Beobachtungen (Metadaten).

Nachdem nun eine Familie mit Geld gefunden wurde, sucht sich der Raubritter das Opfer (Daten, Software). Den Ritter (Virenscanner) selbst sollte man wohl nicht direkt überfallen, denn der ist in der Regel wehrhaft und schlägt seinen Kontrahenten im schlimmsten Fall tot.

Man muss aber auch ein Opfer finden, das die Familie zurückhaben möchte. Es nützt ja nichts, wenn man jemanden entführt hat, durchfüttern muss – und die Familie sagt: „Danke, ihr habt uns einen großen Gefallen getan. Diesen Menschen wollten wir schon immer loswerden, deshalb dürft ihr ihn behalten." (Eine Datei für den Papierkorb, die nur noch keiner gelöscht hat.)

Es sollte schon jemand sein, der wichtig für die Familie (Produktionsdaten, Rezepturen, Kundendaten) ist, so wie das holde Töchterlein kurz vor der Hochzeit, mit der eine strategische Bindung zu einer anderen Familie zustande kommen soll, oder der Erbe des Hauses.

Nun geht es darum, das Opfer möglichst einfach zu entführen, ohne aufzufallen und sofort verfolgt zu werden. Außerdem soll das Opfer auch keinen direkten Schaden davontragen. Tot oder verstümmelt (Daten wurden auf den Systemen gelöscht oder nicht rekonstruierbar verändert) nützt das Opfer nichts, dafür wird in der Regel kein Lösegeld bezahlt.

Die Umgebung wird genauestens erkundet, und es wird unauffällig getestet und soweit als möglich der Strom aus der Stadt untersucht. Das Bild wird nun vollständiger und die scheinbar so sichere Burg zeigt klare Hinweise auf einen Weg hinein.

Könnte möglicherweise auch ein Helfer in der Burg gefunden oder platziert werden? Wer könnte freundlicherweise Fremden ohne Nachfrage die

Tür öffnen und sie hinein lassen (fremde USB-Geräte ohne Virenprüfung an den Unternehmensrechner anschließen)?

Wer gibt dem Besucher einmal kurz den Schlüssel (Weitergabe von Benutzername und Passwort)?

Gibt es Türen und Tore, die von so vielen Menschen genutzt werden, dass der Überblick verloren geht, wer eigentlich dort Zugang hat (Gruppenkonten wie Azubi, Gast) oder auch Generalschlüssel (Administrationszugänge), die von mehreren Personen gleichzeitig genutzt wurden, ohne dass der Nutzer im konkreten Fall nachvollziehbar ist? Gibt es Stellen, an denen es keine echten Mauern gibt (Mobile Endgeräte, Multifunktionsdrucker, Faxmodem...)?

Gibt es Türen oder Fenster, die offen stehen (verlassener PC ohne Bildschirmsperre, Benutzerkonten ohne Passwort, Passwörter aufgeschrieben und gut sichtbar durch das Fenster)?

Gibt es kleine Schlupflöcher in der Mauer, durch die sich jemand hindurchquetschen könnte (Sicherheitslücken der Hardware oder Software)?

Oder reist das Opfer gerne (Internetzugang, E-Mail)?

Wie heißen die Menschen, die in der Umgebung des Opfers arbeiten (Namen von Beschäftigten, E-Mail-Adressen)?

Wurden diese Daten zusammengetragen, hat man in der Regel alle Informationen, um die holde Maid aus ihrer Kemenate zu entführen. In der heutigen Zeit bedeutet dies üblicherweise, Ransomware auf dem System zu platzieren und einen unbedarften Anwender dazu zu bringen, die Schadsoftware durch Anklicken eines Links in einer E-Mail oder Öffnen eines bösartigen Dateianhanges zum Leben zu erwecken; aber auch durch einfaches Nichtstun oder Mouseover kann eine solche Software aktiv werden. Sehr beliebt sind aktuell maßgeschneiderte Bewerbungen, die an die Personalabteilungen versendet werden.

Dann legt die Schadsoftware los: Zunächst werden alle lokalen Laufwerke des Benutzers, der das Schadprogramm gestartet hat, verschlüsselt, danach alle Laufwerke, auf die der Benutzer Zugriff hat. Im schlimmsten Fall wird so auch die Datensicherung verschlüsselt und ist unbrauchbar. Die holde Maid wird also buchstäblich in der eigenen Burg durch Phasenverschiebung entführt.

Wenn die Entführer nun ihr Opfer sicher versteckt haben (alle Daten verschlüsselt sind), wenden sie sich an die Familie des Opfers und übermitteln ihre Lösegeldforderung.

Die Geldübergabe gestaltet sich heute viel einfacher als im Mittelalter: Musste damals ein zuverlässiger Bote gewählt werden, der das schwere Gold schnell wegschaffen konnte, ohne geschnappt zu werden, so fordern die Entführer heute Bitcoins – eine elektronische Währung, mit der schnell und anonym gezahlt werden kann. Ist das Lösegeld auf dem Konto, wechseln die Entführer schnell ihre digitalen Identitäten.

Nach der Zahlung des Lösegeldes beginnt nun die Zeit des bangen Wartens. Bekommt man die holde Maid unversehrt zurück? Ist sie verstümmelt, entehrt, oder gar tot? Genauso geht es dem Unternehmen mit seinen Daten. Wird der Schlüssel für die Entschlüsselung der Daten geliefert, so dass ich den Originalzustand wiederherstellen kann? Hat der Betreiber der Verschlüsselungssoftware möglicherweise auch eine Kopie meiner Daten gezogen?

Im besten Fall geht alles gut. Die Entführer lassen das Opfer unversehrt, so dass es den Weg zurück zu seinen Lieben findet (der Code zur Entschlüsselung der Daten wird geliefert).

Nun ist die holde Maid wieder in der Burg, alle sind glücklich, und wenn sie nicht gestorben sind ...

Moment! Ist wirklich alles gut?

Woher weiß ich, ob die Entführer nicht noch einmal zuschlagen, weil sie jetzt die Schwachstellen der Burg kennen? Sie haben ja nun erfahren, dass die Familie im Zweifelsfall zahlt, um den Entführten zurückzubekommen. Ist das System überhaupt noch sicher, oder gibt es Hintertüren?

Vielleicht hat sich die Jungfer, die einem sabbernden, zahnlosen, mindestens zwanzig Jahre älterem Knacker versprochen ist (Betriebssystem außerhalb des erweiterten Supports), in ihren Entführer verliebt und öffnet ihm bereitwillig selbst Tür und Tor. Ist die Schadsoftware vollständig deaktiviert? Oder wurden bei der Entschlüsselung der Daten womöglich weitere Schadcodes aktiviert, die nun den Angreifern den Zugriff auf die Systeme und Daten ermöglichen? Hier sind viele weitere Schadenszenarien möglich, wenn nicht sichergestellt wurde, dass die Systeme nach dem Angriff vollständig bereinigt, die Einstellungen rückgängig gemacht und die Lücken geschlossen wurden.

5. Eine neue Burg

Wer eine neue Burg plant, der fängt zuerst an, den richtigen Standort zu suchen. Der Untergrund soll sicher sein (regionale Standortwahl), die Burg soll gut geschützt sein, so dass ihr die Elemente nichts anhaben können (der tatsächliche Standort mit Berücksichtigung elementarer Risiken). Ist die optimale Position erst gefunden, so geht es an die Planung der eigentlichen Burg. Gerade größere Burgen haben einen Graben, welcher nur über die gewollten Zugänge leicht zu überqueren ist, doch nicht jeder schottet alle Mauern bereits auf diesem Wege ab (HW-Firewall). Gerade der Graben ist dann tatsächlich vollständig zu schließen. Die Burg benötigt Zugänge, üblicherweise gibt es ein oder mehrere Tore, wobei nicht alle gleichzeitig genutzt werden (Internetverbindungen), sondern auch als Reserve dienen (Redundanz).

Sind die Zugänge geplant, so gilt es, die Mauern zu errichten; alles, was nicht geöffnet sein braucht, soll geschlossen sein. In den Mauern gibt es Türme, um das Geschehen zu beobachten und zu melden (Monitoring der Firewall).

Eine Burg verfügt nicht nur über offenkundige Zugänge, sondern auch über geheime Tunnel, von denen nur wenige Personen Kenntnis haben

(VPN). Damit die Sicherheit der Burg dennoch greift, enden diese Tunnel oft an nicht aktiv genutzten Eingängen zur Burg (Punkt-zu-Netzwerk-, Netzwerk-zu-Netzwerk-VPN). Manchmal sind sie aber auch gezielt mit bestimmten Häusern oder geheimen Räumen verbunden, von denen noch nicht mal die Bewohner der Burg etwas wissen (Netzwerk-zu–Punkt-, Punkt-zu-Punkt-VPN in einem isolierten Bereich). Aber auch gibt es solche Tunnel, die tatsächlich in der Burg enden, was dann zwar praktisch ist, jedoch die gesamte Sicherheit der Burg dadurch buchstäblich getunnelt wird, und eben dies kann bei Missbrauch unerwünschten Personen unbemerkt einen Zugang verschaffen (Punkt-zu-inner-Netzwerk, Netzwerk-zu-inner-Netzwerk). Die Wahl der richtigen Tunnel und die Minimierung solcher Tunnel sowie schnelle Möglichkeiten, diese zu schließen, sind wichtige Kriterien, wie auch eine Überwachung der Tunnel selbst.

Außerhalb der Burg gibt es eine Vielzahl an Ansiedlungen, die auch jeder sehen und besuchen soll, hier wird alles ausgestellt, und es findet ein reger Austausch statt (Web und offenes Material zum Download).

Nicht jeder und nicht alles soll in die Burg, auch die Ansiedlungen vor der Burg sollen sich ausschließlich über indirektem Wege mit der Burg austauschen (Schnittstellen). Nicht alles ist gewünscht im öffentlichen Bereich, so dass auch hier Wächter stets ein Auge auf die Besucher und Bewohner haben (Malware protection); auch wenn der Zugang öffentlich ist, sollen sich die Besucher sicher fühlen und alles, was sie mitbringen, soll besonders geschützt werden (Verschlüsselung Webseite und Datenübertragung). Die Besucher sollen wissen, wem die Ansiedlungen gehören und wie mit allem, was die Besucher mitbringen, verfahren wird (Impressum, Datenschutzerklärung).

Nicht jeder soll in die Burg, auch wenn die Tore geöffnet sind, sollen Wachen bereits an den Toren alle Ein- und Austretenden bewerten, und was als schädlich erkannt wird, bleibt draußen (Blacklisting).

Gerade in der Vergangenheit hat sich gezeigt, dass Schädlinge nicht immer erkannt werden, und neben den bekannten Bedrohungen wird auch das Verhalten bereits bei Eintritt prüfend hinterfragt (Heuristik). Natürlich können auch dann noch ungewollte Elemente eindringen, die sich tarnen und tatsächlich einen guten Eindruck auf dem ersten Blick machen oder einfach verteilt auf mehreren

Wagenlieferungen durch das Tor gelangen. Nach aktuellem Stand genügt ein solcher Schutz nicht, um die Burg sicher zu machen, so dass hier mehrfach eingehend geprüft wird und die Unbekannten erst einmal unter Generalverdacht gestellt werden, bevor diese passieren dürfen (Whitelisting).

Gerade im Rahmen der Überprüfung von unbekannten Besuchern bietet es sich an, diese zunächst in einen sicheren benachbarten Bereich zu leiten, um zu gucken, wie sie sich tatsächlich verhalten würden, bevor beurteilt werden kann, ob diese überhaupt in die Burg dürfen (Sandbox).

Wir haben nun also den äußeren Bereich um die Burg herum geplant, wie auch den Untergrund der Burg, die Beobachtung nach außen, die Bewachung der Zugänge und die Bewertung der bekannten und unbekannten Besucher. Was sollte also jetzt noch passieren?

Nicht jeder, der in die Burg darf, sollte auch überall hin oder überall gucken. Dies ist allerdings zu planen. Natürlich kann dies für jeden einzeln geplant und immer wieder angepasst werden, doch so viel Arbeit brauchen Sie sich eigentlich gar nicht machen. Wenn ein Schmied in die Schmiede darf und Metall aus dem Lager entnehmen kann sowie den Ofen befeuern und Waren zum Marktplatz bringen soll, so ist es nur logisch, dass alle normalen Schmiede dies dürfen, und so können Sie diese gruppieren. Prüfen Sie, welche Gruppen Sie bilden können, und achten Sie bei der Gruppenbildung darauf, dass Sie hier logisch abgeschlossene Rechte vergeben. Die meisten werden dann Teil einer klar definierten Gruppe sein, und wenn Sie die Rechte der Gruppe ändern, so ändern sich diese automatisch für alle in dieser Gruppe (Rollen- und Berechtigungsmanagement). Natürlich wird es auch Personen geben, die mehr als eine Rolle ausfüllen oder die besondere Rechte genießen, welche dann in einer separaten Rolle definiert werden können.

In einer Burg kann es Gebäude geben, zu denen jeder Zutritt hat, der sich in der Burg befindet (Berechtigung Jeder), diese sollte jedoch vermieden werden, da damit auch ein wichtiger innerer Schutz nicht mehr greift und jeder, der erst im Netzwerk ist, hier Zugriff bekommt. Personen, die noch keiner Gruppe angehören, aber Teile der gewollten Besucher sind, können Rechte in allen Bereichen haben, in denen keine besondere Rechte erforderlich sind (authentifizierte Benutzer). Aufgrund der fehlenden eindeutigen Zuordnung von Rechten wäre ein Wechsel in die tatsächliche Rolle nach Ausstellung des Passes angezeigt, damit die Rechte klar definiert werden.

Die Häuser sind mit Straßen verbunden, wie auch die Lager und Arbeitsstationen (Programme). Im äußeren Bereich können sich viele Personen in vielen Bereichen bewegen, und dennoch hat die Erfahrung gezeigt, dass auch hinter dem Tor ein waches Auge auf alle Anwesenden geworfen werden sollte. Ist dann doch ein Schädling am Werk, so kann schnellstmöglich Alarm geschlagen und alle weiteren Maßnahmen ergriffen werden (Aktivitätenscan).

Jeden Tag kommt eine schier unüberschaubare Zahl an Paketen für die Bewohner, und die Bewohner versenden ebenso Waren nach außen. Wie die Pakete in die Burg gelangen und aus der Burg heraus (E-Mail-Programm, E-Mail-Server, Webserver) und ob hier in unverständlichen Sprachen (Verschlüsselung) kommuniziert werden soll, wäre klar zu definieren. Bereits bei Eingang – aber auch Ausgang – erfolgt eine Überprüfung der Pakete und deren Inhalte im Vorbeiflug (E-Mail und deren Inhalte). Gerade auf diesem Wege wird neben den nützlichen Paketen auch viel Unerwünschtes transportiert, oder Nützliches hat sich mit Schädlichem verbunden. Hier gilt es, die Spreu vom Weizen zu trennen, doch eine zu starke Filterung kann dazu führen, dass auch Gewünschtes herausgefiltert wird, so dass hier statt der Filterung nur eine Markierung vorgenommen wird

(SPAM). Das Stadtarchiv sammelt alles in Kopie, was die Burg erreicht oder verlässt, in unveränderten aber inaktivierten Zustand (Archiv).

Eine Burg hatte nur selten eine einzige Mauer und dahinter nur noch Gebäude, das würde dem Sicherheitsanspruch auch nicht gerecht werden. Burgen können sogar mehrere innere Mauern besitzen und zusätzlich überwachte Bereiche, in denen die Kronjuwelen aufbewahrt werden, die Aufzeichnungen über die Einwohner, die Steuerung der Maschinen in den Schmieden (DMZ, physikalische Trennungen) befinden sich in eigenen sicheren Zonen.

Neben allem, was in die Burg gelangen möchte und sich in der Burg befindet, verlassen aber auch eine Vielzahl an Personen die Burg, und auch sie sind zu überprüfen – und dies nicht nur, um keine Schädlinge weiterreisen zu lassen, die vielleicht nicht entdeckt wurden oder auf einem Umweg in die Burg gelangt sind, sondern auch, um den Abfluss von wertvollen Gütern und internen Informationen zu unterbinden, sowie den entsprechenden Versuch möglichst frühzeitig festzustellen (DLP). Es wäre ja richtig ärgerlich, wenn Bewohner gezielt den wertvollsten Besitz entwenden oder wichtige Aufzeichnungen kopieren und damit ungehindert aus der Burg gelangen könnten.

Tatsächlich sind nicht alle Burgen gegen solche Abflüsse geschützt, oftmals werden diese sogar unwissentlich offengelassen (Webmail, USB-Sticks, Handys, Cloudspeicher wie Dropbox und andere). Wurden in der Vergangenheit noch aufwendige Verfahren benötigt, um wenige wertvolle Informationen aus einer Burg zu schaffen, so genügen heute schon wenige Sekunden, um ein Vielfaches unbemerkt aus der Burg zu bringen.

Betrachten Sie die Burg: In ihr haben Sie nun auch die Häuser mittels Straßen verbunden, haben bestimmt, wer wo hindarf, doch genügt dies überall? In einigen Häusern erhalten verschiedene Personen Zutritt, doch nicht jeder darf dort alles. Der eine darf nur gucken, der andere darf auch Objekte anpassen oder austauschen (Programme, Verzeichnisse, Berechtigungen bis auf Feldebene). Die Burg und alle Gebiete um die Burg sowie die Zugänge als auch Abgänge, die Häuser und in wichtigen Teilen der Häuser auch Schubladen und alles, was dazugehört, wird nun klar eingeteilt (Rollen- und Berechtigungsmanagement).

Eine Burg zu planen, die ganz neu entsteht, ist keine triviale Angelegenheit. Sobald Sie die Planung fertiggestellt haben, sollten Sie die Möglichkeiten von Schwachstellen prüfen und hier stets mit dem schlimmsten möglichen Fall rechnen. Gebäude, die keinesfalls ausfallen dürfen, werden besonders gesichert oder sogar durch ein Ersatzgebäude ergänzt. Dokumente, die für den laufenden Betrieb erforderlich sind, werden in mehreren Versionen sowie zusätzlich in einer anderen Burg gelagert, damit im schlimmsten Fall Teile der Burg schnell wieder neu erbaut werden können.

Sobald Sie mit allem zufrieden sind und die Burg nun tatsächlich erbaut wird, ergeben sich meist noch kleine Hürden, an die keiner gedacht hat. Meistern Sie diese Hürden und lassen Sie sich Spielraum für Anpassungen. Dokumentieren Sie Ihre Burg in einer klaren Struktur vom großen ins kleinste Teil, sowie alle Abläufe in und um die Burg (IT-Dokumentation, Verfahrensdokumentation). Durchdenken Sie auch, wie mit Notfällen umgegangen wird, wenn dann doch einmal etwas schiefgeht (IT-Notfallplan).

Die Burg ist errichtet und Sie sind mit Ihrem Werk zufrieden, Sie haben noch einmal jeden Meter abgeschritten. Nun macht es Sinn, die Burg zu testen. Lassen Sie Angriffe simulieren (Penetrationstest). Das Ergebnis ist eine Momentaufnahme, die Ihnen zeigt, wo Sie noch nachbessern sollten und wo Risiken besonders schnell entstehen könnten und wo vielleicht eine zusätzliche Maßnahme erforderlich ist.

Aber wie bei jeder Burg, so ist auch diese Festung nicht uneinnehmbar, der Aufwand hierzu ist jedoch enorm, so dass gezielte Angriffe sich gar nicht mehr lohnen und einfachere Ziele von potentiellen Angreifern gewählt werden.

Achten Sie darauf, dass die Burg sicher bleibt, denn schon der Einbau eines zusätzlichen Fensters kann fatale Auswirkungen haben.

6. Der Burgumbau

Nur selten wird eine Burg nach einem Plan zu einem bestimmten Zeitpunkt gebaut und wirklich gut durchdacht. Häufig wächst eine Burg über viele Jahre, und es kommen immer wieder neue Abschnitte hinzu, andere entfallen, Burgen schließen sich zusammen etc. Auf einigen Straßen ist ständig Stau, andere Häuser scheinen unbenutzt, aber voll von Waren und Akten, die keiner zu brauchen scheint, andere wiederum könnten jederzeit auseinanderfallen, und wieder andere sind einfach zu klein. Selbst die Mauern sind nach den unterschiedlichsten Ansprüchen gestaltet; einige scheinen nur Zäune zu sein und öffnen sich eigentlich jedem, der anklopft. Der Wunsch nach Anpassung und Modernisierung besteht; vielleicht gab es sogar schon Vorfälle, doch die Dokumentationen sind alt, lückenhaft oder gar nicht vorhanden. Ein Abriss und eine Neuerrichtung kommen nicht in Frage, dafür ist alles schon viel zu groß, und die Bürger hätten sonst keine Bleibe mehr. Akten und Waren würden dann auch überall herumliegen (gewachsene Struktur).

Der Burgherr möchte jetzt mit den anderen Burgherren mithalten. Die Burg soll effizient werden und dem aktuellen Stand entsprechen, aber auch die Zukunft berücksichtigen.

Häufig wird an dieser Stelle nun ermittelt, was man gerne hätte, und es wird ins kleinste Detail geplant, als wenn eine neue Burg errichtet werden würde. Nach der Planung wird dann der Umbau vollzogen – aber schon nach wenigen Abschnitten wird festgestellt, dass es einfach nicht funktioniert, und es tun sich immer wieder neue Unbekannte auf, die Probleme wachsen. In einer Vielzahl dieser Umbauten wird dann einfach nicht weiter gebaut, bei wenigen solcher Projekte wird dann sogar das Scheitern erklärt, und die Burg bleibt in einem Zustand, welcher nicht den Wünschen oder Anforderungen entspricht. Oftmals sollen aber auch Bürger, die bisher nur die Burg am Laufen gehalten haben (Administratoren), nun den Umbau komplett ausarbeiten – und dies oft nebenbei, ohne hier einen wirklichen Plan zu haben. Leider ist dies schon fast die Regel und nicht die Ausnahme, externe Hilfe wird oft zu selten angenommen oder die falschen Ratgeber gesucht. Nicht selten wird in ein Gebäude investiert, welches dem Burgherrn besonders wichtig erscheint, und für die Mauern ist dann kein Geld mehr da, aber es gibt einen wunderschönen neuen Marktplatz vor den Mauern (Fehlplanung).

Wer eine Burg umbauen möchte, der sollte klar und strukturiert vorgehen. Auf den ersten Blick mag dies aufwendiger und kostenintensiver sowie auch zeitintensiver erscheinen. Im Endeffekt sind die Aussichten auf Erfolg aber sehr viel größer, und die Investitionen führen nicht nur zu einer optimierten Sicherheit, sondern auch zu einem runden und kalkulierbaren Ablauf aller Phasen (Budget) sowie einer steigenden Effizienz innerhalb des gesamten Kreislaufes (BCM). Auch das Vertrauen von anderen Burgherrn (Geschäftspartnern) sowie Besuchern (Kunden) steigt, und gerne wird in die Ideen Geld gegeben (Banken und Investoren). Eine solide Planung, Analyse und Umsetzung schafft Ansehen und Vertrauen (Prestige).

Der wichtigste Schritt vor dem Start ist zu wissen, wo Sie überhaupt stehen. Es ist schwierig, einen richtigen Kurs zu einem Ziel zu bestimmen, wenn Sie den Ausgangspunkt nicht kennen. Aus diesem Grund wird mit der Ist-Feststellung gestartet.

7. Ist-Aufnahme

Die Ist-Aufnahme erfolgt wie bei einem Neubau, nur mit dem Unterschied, dass alles bereits steht.

Im ersten Schritt einer Ist-Aufnahme sollten alle bereits vorhandenen Dokumentationen gesammelt und strukturiert werden. Es sollte festgestellt werden, was davon aktuell ist und was nicht mehr den Tatsachen entspricht. Die Burg und das Umfeld sollten nun abgeschritten und jedes Gebäude besucht werden; alles, was ermittelt wird, sollte in eine Gesamtdokumentation fließen. Je größer eine Burg ist, umso mehr sollten nun die Aufgaben verteilt werden, am besten unter einer Gesamtleitung (Scrum). Fangen Sie mit dem Großen an und bewegen Sie sich von außen nach innen. Bewerten Sie als erstes den regionalen und den tatsächlichen Standort sowie die externe Infrastruktur. Schauen Sie sich die Risiken an und bewerten Sie diese aufgrund von Erfahrungen aus der Vergangenheit. Gibt es elementare oder physikalische Risiken, die bisher unzureichend berücksichtigt wurden? Reicht die Anbindung an die Außenwelt aus, und wie ist diese gestaltet? Gibt es einen Graben um die Mauern, und ist dieser dann auch vollständig geschlossen? Wie sehen die Brücken aus? Betrachten Sie als nächstes die äußere Mauer und prüfen die Unterschiede; zeigen Sie auch die Lücken in der Mauer auf.

Betrachten Sie wirklich alle Objekte der Burg. Gibt es möglicherweise Objekte, die als vertrauenswürdig eingestuft sind und es in Wahrheit gar nicht sind? Erinnern wir uns an den Entführungsfall. Die Jungfrau wurde entführt und nach einer saftigen Lösegeldzahlung wieder freigelassen. Daraufhin heiratete sie ihren Ehemann, dem sie versprochen war. Mittlerweile hat sie auch einen oder mehrere Erben geboren, sie ist also ein wichtiger Teil mit einer wesentlichen Funktion für die Gemeinschaft (beispielsweise eine Anwendung oder eine Datenbank, die tagtäglich genutzt wird).

Niemand schaut sich das Treiben der Ehefrau so genau an, denn sie ist ein verlässlicher Teil der Gemeinschaft, der täglich die ihm zugedachten Aufgaben erfüllt. Doch hat sich vielleicht ein Teil des Entführers mit zurück in die Burg begeben (Infektion, penetrierte Datei) und die Infektion an ihre Kinder weitergegeben? Ist die einst freigekaufte Frau nun in Wahrheit nur ein schlafender Feind, wie auch ihre Kinder und vielleicht viele andere, mit denen sie interagiert hat, auch in anderen Gebäuden? Wann wird dieses drohende Unheil ausbrechen (Backdoor) und das System zerstören oder andere Aktionen von innen heraus durchführen?

Bei einer Ist-Aufnahme sollten Sie stets davon ausgehen, dass hier der Betrieb schon lange läuft und sich gerade in gewachsenen Strukturen durchaus Risiken befinden können. Der tatsächliche Zustand der Burg und allem, was darin ist, wäre also ebenfalls klar zu prüfen und gezielt zu bereinigen.

Zurück zur Königin – zwei Herzen schlagen in ihrer Brust. Natürlich kümmert sie sich um ihren alten Ehemann, der ihr nach der arrangierten Hochzeit ein bequemes Heim und Sicherheit bietet. Doch andererseits erinnert sie sich gern an ihren charmanten, gutaussehenden Entführer, der ihr Herz im Sturm erobert hat, und wäre viel lieber mit ihm zusammen. Immer, wenn das Leben in der Burg zur Ruhe kommt, gibt sie mit einem Spiegel ihrer heimlichen Liebe Zeichen, während sie gleichzeitig mit dem schrecklichen alten Mann lebt (Altes OS, alte Software, schlechtes oder kein Patch-Management), mit dem sie arrangiert verheiratet wurde und sogar Kinder mit ihn gezeugt hatte. Es würde also der Tag kommen, an dem sie ihren Mann verraten und dem hübschen Raubritter alle geheimen Wege und Gänge aufzeigen

würde, vielleicht würde sie auch die Wachen be-
stechen (manipulierte Sicherheitssoftware und
-hardware).

Wenn man sie schon von dem hübschen Raubritter, der sie in den Tagen der Entführung verwöhnt
hatte, fernhielt, wollte sie ihm wenigstens Gutes
tun und ihn mit Informationen aus der Burg ver-
sorgen (Zugangsdaten, Passwörter, Schlüssel), damit er sie dann für seine Raubzüge nutzen konnte.

Er hatte ihr (infiziertes Programm) einen verlässlichen Boten (Trojaner) benannt, mit dem sie unbemerkt Informationen aus der Burg schaffen
konnte. Zu Beginn schickte sie nur ganz selten und
in großen Abständen Briefe aus der Burg, damit
ihr verändertes Verhalten und die Aktivitäten in
der Burg niemandem auffielen. Die Wächter (Virenscanner, Firewall...) gewöhnten sich daran,
dass sie ab und an mit einem anderen Menschen
sprach oder ihn auf kleinere Dinge übergab. Im
Laufe der Zeit wurde der Kontakt häufiger, doch es
fiel niemandem auf, denn man hatte sich ja an das
Verhalten über Monate und Jahre gewöhnt und es
als sicher eingestuft. Immer mehr Informationen
flossen ab.

Der Ehemann starb (Ablösung durch ein neues OS), und die junge Witwe hatte noch mehr Freiheiten, war sie doch ein angesehenes Mitglied der Gesellschaft, das die Burg nicht verließ. Wer würde darauf kommen, dass sie der Burg massiv von innen schadete? (Die blinde Übernahme aller Inhalte von vorhergehenden Systemen in ein neues System.)

8. Die Soll-Feststellung

Bei der Soll-Feststellung wird geprüft, wie die IT zur Erfüllung Ihrer Aufgaben gestaltet sein muss und welche Anforderungen sie künftig übernehmen könnte – hier wird natürlich auf die bisherigen Aufgaben und Erfüllungen geblickt. Doch sobald dies getan ist, stellen sich oft die Fragen nach ganz vielen Wünschen, die die IT schon immer erfüllen sollte. Es ist nun wichtig, alles das genau aufzunehmen und mit Blick in die Zukunft zu planen, damit nach einem Umbau nicht schon der nächste ansteht, weil ein falsches Konzept realisiert wurde.

Nun sind aber auch die rechtlichen Vorgaben und Richtlinien zu beachten und in diese Soll-Feststellung mit zu integrieren. Je nach Unternehmung sind hier eine Vielzahl an Gesetzen und Richtlinien zu beachten. Allein die Vorgaben des BSI zur IT-Sicherheit zu erfüllen, ist dabei unzureichend. Die IT-Sicherheit ist ein Teil beim sorgsamen und sicheren Umgang mit Daten, doch es ist nicht der einzige, obgleich hier ein sehr großer Bereich der Anforderungen erfüllt wird, welchen auch andere Gesetze und Richtlinien vorsehen. Auch diese sind zu integrieren und auch nach diesen ist dann eine Planung zu dokumentieren (ISO-Standards, übersteigendende BSI-Standards, Vorgaben durch

Kammern und Berufsverbände, Gesetze und Richtlinien). Auch die eigenen Erwartungen an Sicherheit oder die der Kunden können diese Vorgaben übersteigen, die Standards sind jedoch in jedem Fall zu erfüllen, diese stellen die Grundversorgung für Sicherheit dar.

9. GAP-Analyse

Nach dem IST und SOLL festgestellt wurden, können beide gegenübergestellt und Lücken herausgearbeitet werden. Jetzt ist klar, wo die Burg steht, in welcher Form sie gewünscht wird und was hierfür fehlt. Die Differenzen können sich selbst bei identischen Burgen durch die geografischen Bedingungen oder im Zusammenspiel mit anderen Burgen ändern.

10. Projekt

Nun geht es an die Planung vom IST zum SOLL bei Kenntnis des GAP. Schaffen Sie hinreichend Freiraum für alle hier beteiligten in- und externen Personen. Denken Sie daran, wie Sie alte Systeme überführen, ohne alte Lasten mit zu übernehmen. Planen Sie die Schritte und kommunizieren Sie die Details mit allen Beteiligten. Fühlt sich erst jemand übergangen, so kann ein Projekt zum Erliegen kommen, und dies ist tunlichst zu vermeiden.

Die Königin und ihre Kinder werden nun in die neue Burg geführt, und hier wird bei der Kontrolle schnell klar, dass neben dem eigentlichen Wesen auch der Faktor Zerstörung in ihr liegt, wie auch in ihren Kindern, sowie auch der Faktor Verrat. Sie und ihre Kinder werden isoliert, wie auch das penetrierte System (im Zeitalter der Burgen wäre hier wohl Endstation, oder Schlimmeres würde warten). Wie wichtig ist die Königin, wie wichtig sind ihre Kinder? Kann auf sie verzichtet werden, oder sind diese aus dem bestehenden Material neu zu generieren – ohne den schädlichen Inhalt? Wenn dies nicht sinnvoll oder möglich ist, so sind Alternativen zu beschreiten.

11. Das Soll erreicht

Nach Erreichung des SOLL ist dies das neue IST. Prüfen Sie, ob das neue IST den Anforderungen gerecht wird, und seien Sie dann einfach auch einmal stolz auf sich. Feiern Sie mit dem neuen Königspaar ihre Hochzeit und lassen Sie sie hochleben, denn dieses Mal passt alles zusammen. Und wenn sie nicht gestorben sind, dann lieben sie sich noch heute.

01010101	01101110	01100100	00100000
01110111	01100101	01101110	01101110
00100000	01010011	01101001	01100101
00100000	01101110	01101001	01100011
01101000	01110100	00100000	01100111
01100101	01110011	01110100	01101111
01110010	01100010	01100101	01101110
00100000	01110011	01101001	01101110
01100100	00101100	00100000	01100100
01100001	01101110	01101110	00100000
01101100	01101001	01100101	01100010
01100101	01101110	00100000	01110011
01101001	01100101	00100000	01110011
01101001	01100011	01101000	00100000

01101110	01101111	01100011	01101000
00100000	01101000	01100101	01110101
01110100	01100101	00101110

12. Organisation

Bereits während der SOLL-Feststellung werden Sie die verschiedenen Rollen und Berechtigungen geplant haben. Auch Aufgaben werden klar verteilt und definiert sein, welche sich im SOLL wiederfinden. Doch sind Änderungen der Standard, Unverhofftes tritt gerne ein und kommt auch selten allein.

Neben einem guten SOLL ist auch die Erhaltung des SOLL und seine fortlaufende Weiterentwicklung zu planen, inklusive möglicher benötigter Hilfsmittel. Natürlich können Sie für jede Person die Berechtigungen und Schlüssel individuell planen und für jedes Gebäude, jede Schublade, jedes noch so kleine Schloss einzeln die Bedingungen festlegen, weil es eben schnell so zu machen ist und weil es sowieso eine flache Hierarchie im Unternehmen gibt. Oder Sie planen hier im Detail, automatisieren Abläufe, automatisieren Meldungen und Notfallmaßnahmen, schaffen Möglichkeiten, damit jeder im Fall eines Notfalls diesen lösen kann (Notfallplan).

Eine optimierte Organisation der Abläufe und erforderlichen und gewünschten Veränderungen in der Burg lässt die IT insgesamt effizienter laufen.

Die Bewohner sollten sich in ihrer Umgebung aus-
kennen und auch im Falle eines Falles wissen, was
zu tun ist. Was nützt es, überall Feuerlöscher zu
haben, die keiner bedienen kann? Was nützen Pro-
tokolle, die keiner lesen kann? Was nützen Anwei-
sungen, die keiner auszuführen vermag? Richtig,
sie nützen nichts und können sogar sehr schädlich
sein.

Jeder Bewohner ist in der Basis soweit auf dem
Laufenden zu halten, so dass er alles, was von ihm
erwartet wird, auch gut umsetzen kann. Ungewöhnliches sollte bemerkt werden, auch wenn Abläufe irgendwie nicht „rund" sind oder außerhalb
der Notwendigkeit Informationen abverlangt werden.

Natürlich sollte auch jeder wissen, was zu tun ist,
wenn der eigene Haustürschlüssel verloren wurde
oder vermutet wird, dass jemand einen Nach-
schlüssel besitzt. Nur wenn die Bewohner wissen,
was sie tun, und auch Ungewöhnliches bemerken,
Risiken aus dem Wege gehen und Pannen selbst
melden, dann kann mit diesen richtig umgegangen
werden (Schulung und Sensibilisierung).

Natürlich sollten die Bewohner auch wissen, dass
solche Meldungen für sie ohne Folgen bleiben.
Wenn der Burgherr solche Fehler unter Strafe

stellt oder diese auch nur androht, dann wird er nichts mehr erfahren, und im schlimmsten Fall sind über Nacht die Kronjuwelen auf dem Markt der Nachbarburg zu kaufen (Darknet).

13. Alles nur Steine

Denken Sie daran, eine Burg besteht nur aus Steinen, und auch der Fels, auf dem die Burg steht, ist ebenfalls nur Stein. Genau wie eben alles, was wir in der IT kennen, physikalisch gar nicht greifbar ist, sondern letztendlich aus 0 und 1 besteht. Eine absolute Sicherheit einer Burg wurde nie geschaffen, doch es konnte den Angreifern so schwer gemacht werden, dass es sich nicht mehr lohnte und eben eine andere Burg überfallen wurde.

Auch in der IT ist keine Burg uneinnehmbar, die Frage ist nur, wie groß ist der Aufwand, und lohnt sich dieser dann tatsächlich? Natürlich gibt es Burgen, die in jedem Raum andere Schlüssel haben. Machen Sie es jedem Angreifer und selbst dem erfolgreichen Hacker so schwer wie möglich, aber verstecken Sie auch ruhig Narrengold (Honeycup). Sorgen Sie dafür, dass automatisierte Angriffe Ihre Burg kalt lassen, reagieren Sie gezielt bei aktiven Angriffen und ziehen Sie auch ruhig einmal die Zugbrücke hoch, selbst wenn noch eine vermeintlich wichtige E-Mail verschickt werden soll, sie wissen ja nicht wer sie sonst noch erhält oder ob diese E-Mail überhaupt vom Absender geschrieben wurde.

14. Typische Fehler beim Burgenbau

Egal, ob es um eine neue Burg oder einen Umbau einer bestehenden Burg geht –typische Fehler sind hier immer wieder zu beobachten.

Der wohl größte Fehler ist die Annahme, dass eine Burg eine 100 %ige Sicherheit bietet und andere Sicherheitsmaßnahmen vernachlässigt werden können. Seien Sie sich sicher, dass jede Mauer, jedes Tor und jeder Tunnel, wie auch jeder noch so kleine Zugang oder Schwachstelle irgendwann genutzt werden können. Wer dann nicht in der Lage ist, dies zu bemerken und Gegenmaßnahmen zu ergreifen, wird schon bald nicht mehr Herr in der eigenen Burg sein.

Die Erwartung, dass alle Angriffe von außen kommen, ist eine Illusion. Tatsächlich finden die meisten Vorfälle innerhalb der Burg statt, sei es durch verärgerte Bürger oder andere Personen mit hohen Vertrauensstellungen, die wissentlich oder auch unwissentlich hier die Burg von innen öffnen oder sogar aktiv Angreifern Tür und Tor öffnen.

Alle Angriffe erfolgen durch das Tor ... ist das wirklich so? Warum durch das gut bewachte Haupttor gehen, wenn ein Fenster offen steht oder ein kleines Loch in einer Mauer ist? Es wird immer erst nach Schwachstellen gesucht, welche dann aktiv genutzt werden. Erwarten Sie also das Unerwartete und klopfen Sie selbst die Burg nach Schwächen ab.

Es gibt immer neue Möglichkeiten

- in die Burg zu gelangen und von außen sogar auf das Geschehen einzuwirken.

- sich mit anderen Burgen zu vernetzen, deren eigene Sicherheit unbekannt ist.

- Verbindungen zu schaffen, die sehr komfortabel zu sein scheinen und an der gesamten Sicherheit der Burg vorbeigehen.

- das eigene IST falsch zu bewerten, um selbst ein gutes Gefühl zu haben und so Maßnahmen zur Optimierung zu vermeiden.

- Händlern der Steine die Planung überlassen.

- Wartungspersonal den Bau übertragen.

- Bürger die Sicherheit überprüfen lassen.

Bei einer Burg würden Sie nie so vorgehen, in der IT ist dies leider viel zu oft wiederzufinden, und so kann eine schöne Burg entstehen, die beim kleinsten Windhauch einstürzt oder deren Sicherheit nachgibt.

Das Smartphone wäre hier ein sehr gefährliches Fenster, welches nicht selten direkten Zugriff zur Schatzkammer (DMZ) erhält; es fehlt hier oft das Risikobewusstsein. Ist so eine Lücke erst geschaffen, so ist es ein Leichtes, die Burg zu überwinden ohne auch nur mit einer Mauer in Kontakt zu kommen.

Es ist gar nicht selten so, dass ganz bewusst die eigenen Schwächen ausgeblendet werden, und sei es nur, um beim Burgherrn gut da zu stehen.

Gebaut wird mit großem Aufwand, aber Dokumentieren kostet nur unnötig Geld – ein oft anzutreffender Irrtum. Das hier eingesparte Geld wird spätestens bei einem Vorfall oder der nächsten Neuplanung doppelt und dreifach investiert, da später kaum noch jemand weiß, wie die Burg genau funktioniert und gestaltet ist, noch welche Möglichkeiten sie tatsächlich bietet.

Dies sind nur einige Fehler, doch können diese Fehler der Burg, dem Burgherrn und allen Betroffenen später teuer zu stehen kommen.

15. Abkürzungsverzeichnis

BCM	Business Continuity Management
BDSG	Bundesdatenschutzgesetz
BSI	Bundesamt für Sicherheit in der Informationstechnik
BSIG	Gesetz über das Bundesamt für Sicherheit in der Informationstechnik
DLP	Data Loss Prevention
DMZ	Demilitarisierte Zone (Mehrstufige Firewall)
DS-GVO	EU Datenschutz-Grundverordnung
DSL	Digital Subscriber Line
DSRL	Datenschutzrichtlinie
GAP	Die Lücke zwischen SOLL- und IST-Zustand, Abweichung vom Soll
IT	Informationstechnik
LAN	Local Area Network
Migration	Überführung in ein neues System
MPLS	Multiprotocol Label Switching
PDF	Portable Document Format, plattformunabhängiges Dateiformat, entwickelt von Adobe Systems

PDF-A	Genormtes Dateiformat zur Langzeit-archivierung digitaler Dokumente (siehe ISO 19005) A=Archivformat
PIN	PIN-Code, **P**ersönliche **I**dentifikati-ons**n**ummer, Geheimzahl, Passwort, Token
SAN	**S**torage-**A**rea-**N**etwork
TKG	Telekommunikationsgesetz
TMG	Telemediengesetz
TOMs	Technische und organisatorische Maßnahmen
UrhG	Gesetz über Urheberrecht und ver-wandte Schutzrechte
UWG	Gesetz gegen den unlauteren Wett-bewerb
VPN	**V**irtual **P**rivate **N**etwork
WiFi	Funknetzwerk, Wireless LAN

16. Begriffserklärungen

Archivierung ist eine Aufbewahrung von Daten über einen langen Zeitraum, bei der sichergestellt sein muss, dass die Daten unverändert bleiben.

Arbeitsstation oder auch **Workstation** bezeichnet den Rechner am Arbeitsplatz des Anwenders. Meist sind damit besonders leistungsfähige Geräte für spezielle Anwendungen wie Grafikprogramme, Videoanwendungen oder auch Konstruktionszeichnungen oder Programme für die Verarbeitung von Geodaten gemeint. Eine Arbeitsstation kann aber auch ein reines Zugriffsgerät zum Arbeiten sein, wie ein Terminal Client.

Arpanet war ein Forschungsnetzwerk, das in den 1970er Jahren in Betrieb genommen wurde, quasi der Vorläufer des Internets.

Backdoor bezeichnet eine Funktion einer Software, die den Zugang durch Umgehung der normalen Berechtigungsprüfung zu erlangen ermöglicht. Schutzmechanismen werden also ausgehebelt.

Betriebssysteme sind die Basisprogramme auf einem Computer, die die Grundfunktionen zur Verfügung stellen wie Windows, Linux, Mac OS auf PCs und Laptops oder Android, IOS und andere auf Smartphones.

Big Data bezeichnet Strukturen und Auswertungsmechanismen, mit denen sehr große Datenmengen nach bestimmten Kriterien ausgewertet werden können.

Blacklisting – in einer Blacklist werden die nicht vertrauenswürdigen Objekte erfasst. Die Strategie hier ist: Jeder kommt hinein, außer denjenigen, deren Namen sich auf der Blacklist befinden.

Business Continuity Management ist die Entwicklung von Prozessen und Vorgehensweisen, um die wichtigen Prozesse im Unternehmen auch in kritischen Phasen (Notfällen, Schadensfällen) am Leben zu erhalten.

Cloud bezeichnet in diesem Buch die Bereitstellung von Speicherplatz über das Internet. Allgemein wird mit dem Begriff **Cloud Computing** die Bereitstellung von Infrastruktur und / oder Software über das Internet bezeichnet. Bestimmte Cloudlösungen sind keine Cloudlösungen, wie eine Privatcloud innerhalb des eigenen Netzwerkes, auf einem bestimmten Server.

Cyberkriminalität umfasst mehrere Bereiche: Zum einen ist damit die **Computerkriminalität** allgemein gemeint. Dies sind alle Straftaten, bei denen eine elektronische Infrastruktur (Hardware, Software, Netzwerke) genutzt wird. Dazu müssen die Geräte nicht mit dem Internet verbunden sein. Es soll in den 1970er Jahren einen Programmierer bei einer Bank gegeben haben, der die Rundungsdifferenzen bei der Berechnung von Zinsen

und Zinseszinsen bei den Beträgen ab der dritten Nach-
kommastelle abgeschnitten und das daraus entstehende
Guthaben auf sein eigenes Bankkonto überwiesen haben
soll, was schnell zu einem Millionenbetrag auf seinem
Konto anwuchs. Zum anderen gehört die **Internetkrimi-
nalität** dazu, also Straftaten mit Hilfe des Internets wie
Internetbetrug, Identitätsdiebsstahl oder auch das Ver-
breiten von unzulässigen Inhalten. Die Erpressung durch
Verschlüsselung steht hier gerade hoch im Kurs (Verschlüsselungstrojaner).

Darknet ist der Teil des Internets, der normalerweise
über Suchmaschinen und Fremde Personen nicht er-
reichbar ist. In diesen Bereich kommt man in der Regel
nur durch Einladungen und manuelle Freischaltungen.
Hier finden sich auch illegale Märkte, auf denen man anonym alles kaufen kann, im schlimmsten Fall auch alle aus
Ihrem Unternehmen abgeflossenen Daten.

Data Loss Prevention ist der Schutz gegen unerwünschten Datenabfluss.

Datenschutz soll einen Menschen davor schützen, dass
er durch den Umgang mit seinen personenbezogenen Daten in seinen Persönlichkeitsrechten beeinträchtigt wird.
Hier geht es weniger um den Schutz der Bits und Bytes,
was Mittel zum Zweck ist, sondern mehr um den Schutz
der Privatsphäre und dem Schutz vor Benachteiligung
durch Datenmissbrauch.

Eine **Datensicherung** ist die Erstellung und sichere Lagerung einer Kopie von Daten, um im Verlustfall die Daten aus der Kopie wieder herstellen zu können.

Ein **Datenträger** ist ein Medium, auf dem Daten gespeichert werden können, z. B. Festplatten, Disketten, DVDs oder auch Mikrofilm sowie Papier als nichtelektronische Speicher.

Eine **demilitarisierte Zone** (DMZ) ist ein Übergangsbereich zwischen mehreren Netzwerken. Man richtet demilitarisierte Zonen ein, wenn man den Zugriff auf bestimmte Geräte oder Dienste (E-Mail) aus mehreren Netzwerken zulassen will. Typischerweise bildet man eine DMZ zwischen dem Internet und dem internen Unternehmensnetzwerk.

Digital Subscriber Line (DSL) ist eine Technologie, mit der schnelle Datenübertragungen über das Telefonnetz und vergleichbare Netze realisiert werden (Breitbandverbindung).

Failover bedeutet, dass bei Ausfall eines Systems dessen Funktionen von einem anderen System übernommen werden – im besten Fall so, dass der normale Anwender dies nicht bemerkt, die Systeme spiegeln sich fortlaufend und sind quasi Zwillinge.

Eine **Firewall** soll einen Rechner oder ein Unternehmensnetzwerk vor unerwünschten Zugriffen aus einem andern Netzwerk (meist das Internet) schützen. Eine

Firewall kann eine reine Softwarelösung sein, aber auch eine Kombination von Hard- und Software.

Full Duplex ist ein Begriff aus der Nachrichtentechnik. Er sagt aus, dass beide Seiten über einen Kommunikationskanal gleichzeitig senden können – so als ob bei einem Telefonat beide Teilnehmer gleichzeitig sprechen.

Mit **Hacking** ist im Bereich der IT-Sicherheit das unerwünschte Eindringen in IT-Systeme gemeint.

Heuristiken sind Methoden, um mit begrenzter Zeit und unvollständigem Wissen zu verlässlichen Aussagen zu kommen. Bei Virenscannern heißt das, dass aufgrund gewisser Eigenschaften einer Datei oder eines Codes darauf geschlossen werden kann, dass sich darin ein Schadprogramm verbirgt, das bislang noch nicht bekannt ist.

Honeycup – der Honigtopf wird als Falle für Eindringlinge aufgestellt. So sollen sie in die falsche Richtung gelenkt werden; gleichzeitig kann festgestellt werden, dass ein Angriff stattgefunden hat, und die Spuren können nachverfolgt werden.

Infektion ist der Befall mit Schadprogrammen.

Informationssicherheit soll alle Informationen, nicht nur die personenbezogenen Daten, vor unberechtigtem Zugriff und unberechtigter Kenntnisnahme (Vertraulichkeit) und vor Verlust (Verfügbarkeit) schützen sowie die

Unversehrtheit der Informationen (Integrität) sicherstellen.

Mit **Informationstechnik** sind alle technischen Mittel gemeint, die der Übertragung und Verarbeitung von Informationen dienen.

Das **Internet** ist ein weltweites Netz, bestehend aus vielen Rechnern mit verschiedenen Besitzern, die auf alle möglichen Weisen miteinander verbunden sind. Es ist daher bei Nutzung des Internets immer unbekannt, auf welchen Wegen, über welche Server und Länder die eigenen Daten durch die Welt transportiert werden.

Ein **Intranet** ist ein internes Netz, das sich unter vollständiger Kontrolle des Netzbetreibers (also der jeweiligen Behörde oder des Unternehmens) befindet.

Um Daten zu einen IT-Gerät irgendwo in einem Netzwerk (Unternehmensnetzwerk oder Internet) senden zu können, benötigt man eine Adresse, um ein Gerät eindeutig ansprechen zu können. Eine solche Adresse ist eine **IP-Adresse**, mit denen man Geräte über ein bestimmtes Protokoll (vergleichbar mit einer Sprache und Regeln, wer wann sprechen darf) ansprechen kann.

IPv4 (Internet Protocol Version 4) ist die erste weltweit verbreitete Protokollversion zur Kommunikation über das Internet. Sie wird in den meisten Fällen heute noch benutzt. Die IP-Adressen bestehen aus vier Blöcken mit Zahlen von 0 bis 255. Inzwischen reicht die Anzahl der

74

damit möglichen Adressen nicht mehr aus, IPv6 wurde eingeführt.

Ein **Local Area Network** (lokales Netzwerk) ist eine vernetzte Gruppe von IT-Geräten innerhalb eines begrenzten Umkreises, klassischerweise ein Unternehmensnetzwerk.

Malware Protection ist der Schutz vor Schadprogrammen.

Metadaten sind Daten, die Informationen über andere Daten enthalten. Metadaten zu diesem Buch sind beispielsweise die Namen der Autoren, das Erscheinungsdatum und die ISBN-Nummer.

Als **mobile Datenträger** werden Datenträger bezeichnet, die keinen festen Platz im Unternehmen haben und häufig auch mit außer Haus genommen werden wie USB-Sticks, Laptops, Smartphones.

Ein **Modem** ist ein Gerät zur Datenfernübertragung. Die ersten Modems kommunizierten über einfache (analoge) Telefonleitungen, dabei wurden in der Regel zwei Computer direkt miteinander verbunden. Heute verbindet man seinen Computer mit einem (DSL- oder Kabel-) Modem meist mit einem beliebigen Einwahlpunkt in einem Netzwerk (Internet).

Monitoring ist das Überwachen von Systemen und Funktionen mit technischen Hilfsmitteln.

Während früher Fax, Kopierer, Drucker und Scanner einzelne Geräte waren, verwenden Unternehmen heutzutage meist **Multifunktionsgeräte**, die alle diese Funktionen beinhalten.

Multiprotocol Label Switching ist ein Protokoll, das den Durchfluss von Daten durch ein Netzwerk optimieren und beschleunigen soll.

Ein **Netzwerk** ist mathematisch gesehen eine Menge von Knoten, die über Kanten verbunden sind. In der IT-Umgebung sind die Knoten Geräte (PCs, Telefone, Drucker, Laptops, Faxgeräte, Router und vieles mehr), die über Verbindungen (via Kabel oder drahtlos) zusammengeschaltet sind.

Netzwerktopologie beschreibt die Struktur eines Netzwerkes, d.h. die Wege der Verkabelung und möglichen Datenflüsse zwischen den Geräten. Typische Ausprägungen sind die Linie (alle sind Geräte in nacheinander in einer Reihe geschaltet), Ringe, Busse (alle Geräte hängen an einem zentralen Strang), Baumstrukturen oder sternförmige Verbindungen von einem zentralen Gerät. Es gibt hier noch Mesh (Vermaschung / das Netzwerk wird hier in einer logischen Verflechtung verbunden, für eine gute Lastenverteilung und hohe Ausfallsicherheit) und Fully Connect (Totale Verbindungen untereinander).

Ein **Notfallhandbuch** soll alle Informationen für die Bewältigung von Notfällen und Krisen liefern. Mit Unterstützung des Notfallhandbuches soll das Unternehmen in die Lage versetzt werden, kritische Geschäftsprozesse am Leben zu erhalten oder schnellstmöglich wieder in Gang zu setzen.

Penetrationstest (Pentest) ist ein Sicherheitstest von einzelnen Rechnern oder auch des gesamten Unternehmensnetzwerks. Ziel ist es, herauszufinden, ob das System hinreichend gegen Angriffe von außen (Hacking) abgesichert ist, es handelt sich hier um eine Momentaufnahme eines simulierten Angriffs.

Eine **penetrierte Datei** ist eine Abwandlung der ursprünglichen Datei, die mit Schadcode infiziert wurde.

Personenbezogene Daten sind Einzelangaben über persönliche oder sachliche Verhältnisse einer bestimmten oder bestimmbaren natürlichen Person (**Betroffener**).

Der **Proxy** ist ein Stellvertreter oder auch Vermittler in einem Netzwerk. Er nimmt Daten einer Stelle an, speichert ggf. zwischen (Internetseiten) und leitet die an den eigentlichen Empfänger weiter.

Redundanz ist das Vorhandensein zusätzlicher gleichartiger Technik, die im Fall des Ausfalls von Komponenten deren Funktion übernehmen kann.

Ein **Router** ist ein Gerät zur Verbindung unterschiedlicher technischer Netze, z.B. zur Verbindung eines Unternehmensnetzwerkes mit dem Internet. Hier kommen weiteren Techniken hinzu wie z. B. NAT (Network Address Translation).

Sandbox ist ein isolierter Bereich innerhalb eines Programmes oder eines Betriebssystems. Aktionen innerhalb dieses Bereiches haben keine Auswirkungen auf die Umgebung außerhalb der Sandbox.

Eine **Schnittstelle** ist ein Teil eines Systems, das zur Kommunikation mit anderen Gegenstellen dient. (z.B. Roboter, Geräte ...). Über Softwareschnittstellen können Programme Daten mit anderen Programmen oder Datenbanken austauschen, z.B. Warenwirtschaftssystem mit Kassenprogramm.

Der Begriff **Server** kann Computer (Hardware) oder auch Programme (Software) bezeichnen. Ein Server wird an zentraler Stelle im Netzwerk bereitgestellt, und bietet allen anderen seine Dienste an. Typische Server sind z.B. Datenbankserver oder Fileserver (zentrale Datenspeicherung, gemeinsam genutzte Laufwerke).

Eine **Sicherheitslücke** ist ein Fehler in einer Hardware oder Software, durch den ein Angreifer in das System eindringen kann. Stellen Sie sich bei Ihrem Haus vor, dass die Dachziegel mit so viel Abstand verlegt wurden, dass der Marder hindurchschlüpfen kann.

SPAM bezeichnet unerwünschte E-Mails, die im besten Fall nur das Postfach überquellen lassen, im schlechteren Fall auch Schadsoftware mit sich bringen.

Storage Area Network ist ein Netzwerk zur schnellen Übertragung von Daten zwischen mehreren Speichermedien.

Ein **Storage System** oder ein **Speichersystem** stellt anderen Systemen Speicherplatz zur Verfügung. Es ist eine eigenständige Server-Hardware, die sich mit einer speziellen Software selbst verwaltet. Bekannte Lösungen sind Network Attached Storage (NAS) und Storage Area Networks (SAN).

Eine **Suchmaschine** ist ein Programm, das Dateien oder Datenbanken nach den als Suchkriterien eingegeben Inhalten durchsucht. Dies können Schlagworte, Texte oder auch Bilder sein. Abhängig von der Programmierung der Suchmaschine werden die Ergebnisse dann gewichtet und in einer von der Suchmaschine definierten Liste nach Relevanz sortiert ausgegeben. Suchmaschinen können je nach Art einen Rechner, das Intranet oder auch das gesamte Internet durchsuchen.

Ein **Switch** ist ein Verteiler in einem Netzwerk. In einem Switch laufen mehrere Verbindungen (via Kabel oder drahtlos) zusammen. Er leitet Daten an die Verbindung weiter, an die das Zielgerät für die Daten, beispielsweise ein Drucker, angeschlossen ist.

Trojaner oder **Trojanisches Pferd** ist ein Programm, in dem eine schädliche Funktion meist in einem scheinbar nützlichen Programm versteckt wird – gleich dem trojanischen Pferd in der Antike, dass scheinbar ein Geschenk

an die Götter war, in dessen Inneren sich aber die grie-
chischen Elitesoldaten befanden. So getarnt wird der
Schädling dann in die Stadtmauern gebracht (brandaktu-
ell: Verschlüsselungstrojaner). Die Hauptaufgabe eines
Trojanischen Pferdes ist die Öffnung der Sicherheit, damit andere Schädlinge nachkommen können.

Übermitteln ist das Bekanntgeben gespeicherter oder
durch Datenverarbeitung gewonnener personenbezoge-
ner Daten an einen Dritten in der Weise, dass

a) die Daten an den Dritten weitergegeben werden oder

b) der Dritte zur Einsicht oder zum Abruf bereitgehaltene
Daten einsieht oder abruft.

USB-Sticks sind kleine (ca. 1,5 cm x 4 cm x 0,5 cm), kos-
tengünstige Speichermedien mit großer Speicherkapazi-
tät, die über die sogenannte USB-Schnittstelle an andere
Geräte, wie z.B. den PC angeschlossen werden.

Viren sind Schadprogramme, die in sehr unterschiedlichen Ausprägungen daherkommen. Sie können z.B. Daten einfach zerstören, Daten sowie Passworte auslesen
und an andere Stellen schicken, oder auch dafür sorgen,
dass Fremde direkten Zugriff auf das Unternehmensnetzwerk bekommen.

Virendatenbanken enthalten Merkmale (Signaturen) bekannter Viren. Bei der Prüfung schaut der Virenscanner dort nach, ob ein zu prüfendes Objekt entsprechende Merkmale hat.

Virenscanner sind Schutzprogramme, die verhindern sollten, dass Viren auf einen Rechner eingeschleust werden. Achtung: Mit Virenscannern ist es wie mit Medikamenten oder allgemein der Behandlung von Krankheiten. Die Krankheit muss erst bekannt sein, damit man Maßnahmen ergreifen kann. Das bedeutet, dass ein Virenscanner brandneue Viren nicht sofort entdeckt, sondern erst nach einer gewissen Zeit.

Virtual private Network (VPN) ist ein virtuelles geschlossenes Netzwerk, das ein unsicheres physikalisches Netzwerk – meist das Internet – als Transportmedium nutzt und über Verschlüsselung einen nicht für Dritte einsehbaren Tunnel aufbaut.

Whitelisting – in einer **Whitelist** werden die Namen der Dienste (z.B. Webseiten) oder Personen (E-Mail-Absender) zusammengefasst, die als vertrauenswürdig eingestuft sind. Whitelisting funktioniert nach dem Prinzip: Alle müssen draußen bleiben, nur diejenigen, die auf der Liste stehen, kommen hinein. Neue Virenscanner bedienen sich in den High-End-Versionen auch eines solchen Verfahrens, wobei erst mal alles Unbekannte als schädlich eingestuft wird, eine Prüfung in einer Art Sandbox stattfindet und erst nach erfolgreichen Bestehen die Datei dann passieren oder aktiv werden darf.

17. Die Autoren

Birgit Pauls: Diplom-Mathematikerin, betriebliche Datenschutzbeauftragte (GDDcert.), Projektmanagement-Fachfrau (RKW/GPM). Mitglied der GDD Gesellschaft für Datenschutz und Datensicherheit e.v. sowie der Hamburger Datenschutzgesellschaft e.v. Birgit Pauls berät seit 1998 Unternehmen in allen Fragen rund um den Datenschutz, ist als behördliche Datenschutzbeauftragte und externe betriebliche Datenschutzbeauftragte tätig.

www.birgitpauls.de

Bernd Sommerfeldt: Sachverständiger Datenschutz und Informationssicherheit, Datenschutzbeauftragter, IT-Sicherheitsbeauftragter. Bernd Sommerfeldt berät seit 2005 Unternehmen, Behörden und Anwälte zu den Themen IT-Sicherheit und Datenschutz und ist seit 2013 auch als Sachverständiger tätig. Bernd Sommerfeldt ist DIN EN ICE/ISO 17024:2012 akkreditiert, PC-16901-235 DEKRA certified.

www.mediajumper.de

Michael Kuch: Sachverständiger für Datennetzwerktechnik. Experte für Kupfer-, Glasfaser-, Funk-, Laser- und Infrarotdatenübertragung mit langjähriger Berufserfahrung im In- und Ausland.

Neben dem Consulting sowie der Planung erfolgt auch die Realisierung von Datennetzwerksystemen in höchster Qualität in allen Phasen, werden auch bestehende Netzwerke auditiert sowie Optimierungen, Problemlösungen und Modernisierungen durchgeführt. Neben Unternehmen jeder Größenordnung bestehen auch Erfahrungen für behördliche Netzwerke, sowie für Forschungs- und Industriebetriebe.

www.gmk-gmbh.de

Weitere Bücher der Autoren:

Pauls, Sommerfeldt: Basisdatenschutz für Jungunternehmer – Ein Praxisratgeber
ISBN: 978-3-7431-9733-6

Pauls, Sommerfeldt: IT-Sicherheit ist sexy! Argumente für Investitionen in IT-Sicherheit
ISBN: 978-3-7448-7539-4